Heart & Fairy
ハート&フェアリー
小倉ゆき子

日本ヴォーグ社

まえがき

いつの頃からかハートのフェアリーは、
私がスケッチブックやメモ用紙などにいたずら書きをしている時、現れるようになりました。

そこで、刺しゅうの中にも、ときどき登場しています。

私のフェアリーたちは手足が隠れていて、ほとんど見えません。
にもかかわらず、いろいろな表情を見せてくれます。そして、あちこち動き回るのが大好きです。

長い間、私は沢山のハートのモチーフを刺しゅうしたり、形づくったりしてきました。
フェアリーが入っていても、いなくても
どこかに私のフェアリーたちは、必ずいるはず……と思っています。

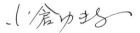

Contents

ページ／作品名／技法

4	希望／糸の刺しゅう		24	私のフェアリー／リボン刺しゅう
5	バリエーション／糸の刺しゅう		25	義母が使ってくれていた思い出のクッション／リボン刺しゅう
6	バラのフェアリー／糸の刺しゅう		26	不思議の国のアリスへのオマージュ／リボン刺しゅう・アップリケ
7	フェアリーたちの四季／糸の刺しゅう		27	心をこめて／リボン刺しゅう
8	フェアリーたちの遊ぶ森／糸の刺しゅう・アップリケ		28・29	レースでハート／レースワーク
9	時をきざむフェアリー／糸の刺しゅう・アップリケ		30・31	私のすみれ／リボン刺しゅう・リボンアーティストリー
10	春の海／ビーズ刺しゅう		32・33	刺しゅう糸とビーズが仲よしに／ビーズ＆クロスステッチ
11	ハートを着る／ビーズ刺しゅう		34	はしゃぐ心／リボンパッチワーク
12	花と小鳥／線刺しゅう・リボンアーティストリー		35	ふたつのハート／リボンパッチワーク、リボンアーティストリー
13	1本のパスマントリーから秋／線刺しゅう		36	ハートでハート／コラージュ
14	おひるねフェアリー／レースワーク		37	めぐりくるいのち 今…そして／コラージュ、フルールダムール
15	小鳥たち／レースワーク		38・39	ハート フェスティバル／アップリケ
16	染めと刺しゅうのコラボレーション／ダイステッチワーク		40・41	ハートがいっぱい／糸の刺しゅう
17	鳥の歌／ダイステッチワーク		42	図案
18	私のハート／キャンバスワーク		43	図案
19	花いっぱい／リボンアーティストリー		44・45	ハートのモチーフによるアルファベット／糸の刺しゅう、アップリケ
20・21	ハートファンタジー／オーガンジーワーク		46	図案
22・23	しあわせハート・リングピロー／リボンアーティストリー		47	図案

Heart & Fairy

Heart & Fairy

Heart & Fairy

Heart & Fairy

Heart & Fairy
11

Heart & Fairy

Heart & Fairy

Heart & Fairy

Heart & Fairy

Heart & Fairy

Heart & Fairy

Heart & Fairy

Heart & Fairy

Heart & Fairy

Heart & Fairy

Heart & Fairy

Heart & Fairy

Heart & Fairy

Heart & Fairy

Heart & Fairy

Heart & Fairy

Heart & Fairy
31

Heart & Fairy

Heart & Fairy
34

Heart & Fairy

Heart & Fairy

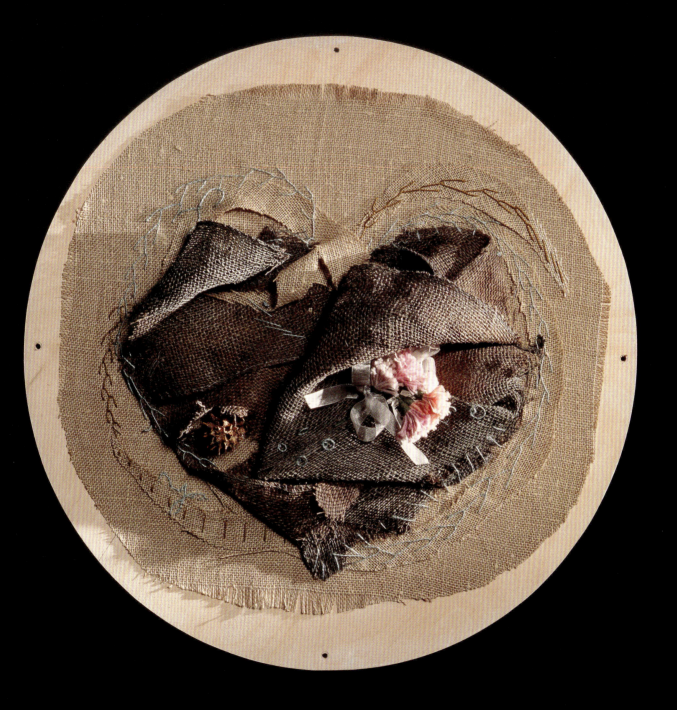

Heart & Fairy

Heart & Fairy

Heart & Fairy

Heart & Fairy

Heart & Fairy

Heart & Fairy

Heart & Fairy

Heart & Fairy

Heart & Fairy

Heart & Fairy

Heart & Fairy

小倉ゆき子

ニードルワーク・アーティスト。愛知県出身。桑沢デザイン研究所卒業。
刺しゅうをはじめとするニードルワークの分野で活躍。自ら考案した様々な手法で、発想豊かな作品を数多く創作。個展、作品展多数。
主な著書に「小倉ゆき子のリボン刺しゅうの基礎BOOK」「リボン刺しゅうの本」「おしゃれなビーズポイント刺しゅう」「優しいリボン刺しゅう」（日本ヴォーグ社）、
「リボンで作る花のアクセサリー」（NHK出版）、「はじめてのビーズ刺しゅう」「ダイ・ステッチワーク」（雄鶏社）、「刺しゅうの基礎＆ステッチ」（ブティック社）、「素敵に線刺繍」（文化出版局）、
「リボン刺しゅう」「リボンでつくる花」（六曜社）ファニー・ヴィオレ氏との共著「てがみアート」（工作舎）など。

この本では、ハートとフェアリーの作品を集めました。
掲載している作品の約 1/4 は、お仕事として刺したもの、
残りの約 3/4 は、私の楽しみで刺したり、作ったりした作品です。
作品についてのご質問やお問い合わせは下記までお願いいたします。
ギャルリイグレック（TEL03-5542-3010）
http://www.galerie-y.com/

ハート＆フェアリー

発行日／2017年5月15日
著者／小倉ゆき子
発行所／株式会社日本ヴォーグ社
〒164-0013　東京都中野区弥生町5丁目6-11
印刷所／大日本印刷株式会社
Printed in Japan　© Yukiko Ogura 2017

※本書掲載の写真、イラスト、カット及び記事の無断転載、複製（コピー）を禁じます。

[Staff]
ブックデザイン：寺山文恵
撮影：梅田健治（P5,6,7,8,10,14）、森谷則秋、山本和正（プロフィール）
スタイリスト：津川亜砂子

撮影協力
AWABEES
東京都渋谷区千駄ヶ谷 3-50-11 明星ビルディング 5F
UTUWA
東京都渋谷区千駄ヶ谷 3-50-11 明星ビルディング 1F